自由訳

老子

rōshi

新井満

朝日新聞社

老子像（呉道子筆）

はじめに

老子は二千五百年ほど昔、中国は春秋戦国時代に生きたとされている伝説的な哲学者です。彼は、全八十一章五千数百文字からなる『老子』全二巻(道経と徳経)を残しました。

老子は鋭く逆説的な論理によって、私たちの常識的人生観をものの見事に打ち砕きます。そうして、真に自由で幸福な人生の智恵を教えてくれるのです。

しかし、老子の語りはしばしば複数章にわたって重複し、複雑にからみあっているせいでしょうか、昔から今日に至るまできわめて難解といわれてきました。

本書『自由訳　老子』では、重複を整理単純化し、重要不可欠な全十八章に分類しました。さらに老子が説こうとした〝いのちの哲学〟のコンセプトを厳守しながら、できるかぎりわかりやすい日本語に自由訳してみました。

水が流れるように

風が大空を吹きわたるように

生きるにはどうしたらよいのか…？　読者にとって本書が、〝ゆったりとおおらかに生きるためのヒント〟になれば、これ以上の喜びはありません。

著者

目次

徳

本書では『王注老子道徳経』を底本としたが、読みやすくするため、漢字の古字は現代漢字にあらためた。

参考図書●福永光司著『中国古典選10　老子』（上・下）朝日文庫

道

第1章
道とは何か

道というものが、ある
道という言葉を、どう読むべきか…？
すなおに〝みち〟と読んでもいいし
中国語風に〝Ｄａｏ〟と読んでもいいし
英語風に〝Ｔａｏ〟と読んでもいいが
まあ今日のところは、私を産んでくれた中国
の大地に敬意を表して
〝Ｄａｏ〟と読むことにしよう

第1章
道可道非常道。名可名非常名。
無名天地之始。有名万物之母。
故常無欲以観其妙。常有欲以
観其徼。此両者。同出而異名。
同謂之玄。玄之又玄。衆妙之
門。

第14章

☆

道（Ｄａｏ）はね
あなたがこれまで考えてきたような道《みち》とは
大違いなのだよ
何しろ道（Ｄａｏ）から
天と地、即ち大自然が生まれ
その天と地から、万物が生まれたのだ
万物とは、何だと思う…？
この世に存在する全てのものさ
虫や花や魚や鳥や馬や牛や犬や猫や虎や蛇や
象や蟻や蝶や樹木や森や河や岩や月や星や地
球や太陽や銀河系や…、もちろん、あなたも
万物の一員だよね
万物、即ちあなたとあなた以外の全ての存在

視之不見。名曰夷。聴之不聞。名曰希。搏之不得。名曰微。此三者。不可致詰。故混而為一。其上不皦。其下不昧。縄縄不可名。復帰於無物。是謂無状之状。無物之象。是謂惚恍。迎之不見其首。随之不見其後。執古之道。以御今之有。能知古始。是謂道紀。

第21章
孔徳之容。惟道是従。道之為物。惟恍惟惚。惚兮恍兮。其中有象。恍兮惚兮。其中有物。窈兮冥兮。其中有精。其精甚真。其中有信。自古及今。其名不去。以閲衆甫。吾何以知

は一つ残らず、天と地から生まれ、その天と
地は、道（Ｄａｏ）から生まれた
これでおわかりであろう
ルーツを辿ってゆくならば、あなたも
道（Ｄａｏ）から生まれたことになる
いわば、あなたを産んでくれた
偉大なる母のような存在
それが道（Ｄａｏ）なのだよ

☆

「あのう…、道（Ｄａｏ）のことが、まだよ
くわからないのですが…」
あなたは首をかしげて言うかもしれない
よろしい
ではもっとわかりやすく説いてあげよう

衆甫之状哉。以此。

第25章
有物混成。先天地生。寂兮寥兮。独立而不改。周行而不殆。可以為天下母。吾不知其名。字之曰道。強為之名曰大。大曰逝。逝曰遠。遠曰反。故道大。天大。地大。王亦大。域中有四大。而王居其一焉。人法地。地法天。天法道。道法自然。

第34章
大道汎兮其可左右。万物恃之而生而不辞。功成不名有。衣養万物而不為主。常無欲。可

道（Ｄａｏ）とは、どんなものなのか…？
ちょっとイメージしてみてごらん
この宇宙を
くまなくとうとうと流れつづけている
いのちの巨大な運動体
宇宙大河を…
それが、道（Ｄａｏ）の実相さ
「その河は、どれくらいの
大きさなのですか？」
とにかく大きいのだよ
あまりにも大きすぎて気が遠くなるくらいさ
いのちの宇宙大河はね
ある時は小河となり、ある時は大河となって
右に左にうねりながら流れつづけている
だからこの宇宙とは、すみからすみまで

名於小。万物帰焉而不為主。
可名為大。以其終不自為大。
故能成其大。

第35章
執大象。天下往。往而不害。
安平大。楽与餌。過客止。道
之出口。淡乎其無味。視之不
足見。聴之不足聞。用之不可
既。

宇宙大河が運ぶ
霊妙なるいのちのエネルギーで
満たされているのだよ
「その河はいつ頃から
流れ始めたのですか…？」
宇宙大河は、太古から流れつづけてきた
過去から現在へ
現在から未来へ
そして再び過去へ
そうなのだ
宇宙大河とは、時間の母でもあるのだよ
天と地と万物の
生と死と再生をつかさどり
あまねく変化させせながら
宇宙の果てまで流れていっては

また流れもどってくる
メビウスの帯のように循環し
永遠に流れつづけているのだよ
ゆったりとおおらかにね
これが、道（Ｄａｏ）さ

☆

「道（Ｄａｏ）は
どんな性格なのですか？」
道（Ｄａｏ）はね、
天と地と万物を産み
あまねく変化させながら
ゆうゆうと流れつづけている
そのはたらきはとてつもなく大きい
あまりにも大きすぎて気が遠くなるくらいさ

それでいながら道（Ｄａｏ）は
決して自慢しないし威張らない
天と地と万物の母でありながら
創造主を気どることもない
どこまでも謙虚で
どこまでも無欲で
しかも無為
余計なことは一つもせず
あるがまま自然に
いのちの宇宙大河となって
流れつづけている
ゆったりとおおらかにね
そんな性格さ

☆

さて、今度はあなたのことだ
あなたと道（Ｄａｏ）とは無縁ではない
しっかりとつながっているのだよ
〈ああ、自分は道（Ｄａｏ）とつながっているのだ…〉
そう思いながら日々を生きてゆきなさい
いいかね
あなたはたった一人で
この世を生きているわけではない
他の人間たちはもちろんのこと
あなたは、あなたをとりまいている虫や花や魚や鳥や馬や牛や犬や猫や虎や蛇や象や蟻や蝶や樹木や森や河や岩や月や星や地球や太陽や銀河系や…、この宇宙に充満している無数のいのちと共にこの世を生きている。彼らと

あるがまま自然に
いのちの宇宙大河となって
流れつづけている
ゆったりとおおらかにね

共にこの世を成している。その中のたった一つのいのちが欠けても、この世は成りたたない。彼らはあなたの兄弟であり、姉妹なのだ。そしてどのいのちとも深い絆で結ばれていて、助けたり助けられたりしながら
生きているのだ
その絆を、大切にしなさい。あなたのいのちと、あなた以外の全てのいのちに感謝しなさい。うやまいなさい
道（Ｄａｏ）とつながっているかぎり
どんな時も、あなたは独りぼっちではない
もし哀しいことがあって
生きる気力がなくなりかけたなら
道（Ｄａｏ）のことを想いなさい
そして道（Ｄａｏ）から

生きるエネルギーをいただきなさい
もし判断をあやまり
道に迷ってしまったなら
道（Ｄａｏ）に尋ねなさい
道（Ｄａｏ）はきっと教えてくれるだろう
何をなして
何をなさざるべきか
どちらの方角に向かって
歩いて行けばよいのか
自分はいかに生きるべきか

☆

いいかね
もう一度言おう
いのちの巨大な運動体

宇宙大河である道（Ｄａｏ）と
つながって生きなさい
道（Ｄａｏ）との絆を
決して断ち切ってはいけないよ
もしそんなことをしたら、たちまち
あなたは大怪我をするだろう
場合によってはいのちを失ってしまうだろう
どんな時も道（Ｄａｏ）のことを想い
道（Ｄａｏ）に目ざめ
道（Ｄａｏ）とつながって生きなさい
いのちの灯を輝かせながら
〝道（Ｄａｏ）の人〟として
生きてゆきなさい
ゆったりとおおらかにね

第2章
ああ情けない

この国の政治家たちは
いったい何をしておるのだ
あいつぐ戦争で国土は荒れ放題ではないか
食糧貯蔵庫はからっぽではないか
だというのにあいかわらず政治家たちは
意味もなく自分を飾り立て
ごたいそうな剣を腰にぶらさげて
酒池肉林の毎日だ

第53章
使我介然有知。行於大道。唯施是畏。大道甚夷。而民好徑。朝甚除。田甚蕪。倉甚虚。服文綵。帯利剣。厭飲食。財貨有余。是謂盗夸。非道也哉。

国民の幸福のために一身を捧げるどころか
私利私欲を求めて走り回るばかり
ああ情けない
ああなげかわしい
世も末だねえ
あの者たちは政治家でも何でもない
ただの泥棒だよ
〝税金〟の名を借りて
国民から金銀財宝を盗んでいるだけなのだ
あの者たちは大きな過《あやま》ちを犯している
道（Ｄａｏ）を見失い
道（Ｄａｏ）との絆を断ち切り
道（Ｄａｏ）とは無縁の
非道のやからとなってしまった
あの者たちを一刻も早く

追放してしまいなさい
ああ情けない
ああなげかわしい
この国は早晩亡んでしまうぞ
指導者はいないのか
道（Ｄａｏ）に目ざめた真の指導者は
いったいどこにいるのだ…?!

第3章
やわらかく しなやかに

世の中には
やわらかなものと
固いものとがある
生まれたての赤ん坊は
いかにもやわらかく弱々しい
それが年老いてゆくと
だんだん固くなり
最後は死んで硬直してしまう

第36章
将欲歙之。必固張之。将欲弱之。必固強之。将欲廃之。必固興之。将欲奪之。必固与之。是謂微明。柔弱勝剛強。魚不可脱於淵。国之利器。不可以示人。

第76章

動物も植物もおよそどんな生きものも
いのちが生々と輝いている時は
やわらかくしなやかなものだが
死が近づいてくるとどんどん固くなる
だから、次のように言うことができる
固さとは、死と老いのシンボル
やわらかさとは、生と若さのシンボル
そもそもいのちとは
やわらかくしなやかなものなのだよ
やわらかな木や枝はなかなか折れにくいが
固い木や枝はぽきんと折れてしまう
頑丈な武器も同様でね
強大な軍隊も
ただ剛強なだけでは勝てない
臨機応変に対処できるやわらかさと

人之生也柔弱。其死也堅強。万物草木之生也柔脆。其死也枯槁。故堅強者死之徒。柔弱者生之徒。是以兵強則不勝。木強則共。強大処下。柔弱処上。

第8章

上善若水。水善利万物而不争。処衆人之所悪。故幾於道。居善地。心善淵。与善仁。言善信。正善治。事善能。動善時。夫唯不争。故無尤。

第43章

天下之至柔。馳騁天下之至堅。無有入無間。吾是以知無為之

しなやかさがなくてはね
結局、ものごとの最後にはつねに
柔弱なものが
剛強なものに勝つのだよ

☆

やわらかいといえば
水ほど
やわらかく弱々しいものはないよね
しかも決して争おうとはしない
丸い器に入れれば丸くなり
四角い器に入れば四角になる
形にとらわれず、自由自在だ
ところが形をもたないからかえって
どんな小さなすきまにも入ってゆき

有益。不言之教。無為之益。
天下希及之。

第78章
天下莫柔弱於水。而攻堅強者。
莫之能勝。以其無以易之。弱
之勝強。柔之勝剛。天下莫不
知。莫能行。是以聖人云。受
「受国之垢。是謂社稷主。受
国不祥。是謂天下王」。正言
若反。

第55章
含徳之厚。比於赤子。蜂蠆虺
蛇不螫。猛獣不拠。攫鳥不搏。
骨弱筋柔而握固。未知牝牡之
合而全作、精之至也。終日号

どんな巨岩をも粉々にしてしまう
即ち、水とは
やわらかく弱々しいことに徹して
何よりも強い、とも言える
上善《じょうぜん》 **若水**《じゃくすい》
水のように生きるのが
最高の生き方なのだよ
水は、万物に恵みを与えているが
決して自慢しないし威張らない
それどころか、かえって
人々が嫌がる低い方へ低い方へと
流れてゆく
謙虚だねえ
さあ、水のように生きなさい
それが〝道（Ｄａｏ）の人〟の

而不嗄。和之至也。知和曰常。
知常曰明。益生曰祥。心使気
曰強。物壮則老。謂之不道。
不道早已。

上《じょう》善《ぜん》若《じゃく》水《すい》
水のように生きるのが
最高の生き方なのだよ

生き方なのだよ

☆

やわらかいといえば
赤ん坊ほど
やわらかく弱々しいものもないよね
ところが、そういう無防備な赤ん坊を
蜂やさそりは刺そうとしないし
猛獣や猛禽も傷つけようとはしない
なぜだと思う…？
無心だからさ
赤ん坊を眺めていると面白いね
あんなにやわらかく弱々しいくせに
握りしめた拳《こぶし》は驚くほど強い
それに、あのオチンチンだ

男女の交わりも知らないくせに
性器は固くそそり立っているじゃないか
なぜだと思う…？
いのちのエネルギーと精気が
身体中に満ち満ちていて
しかも調和がとれているからだよ
さあ、赤ん坊のように生きなさい
いのちの灯を輝かせながら
しかも無心に
それが〝道（Ｄａｏ）の人〟の
生き方なのだよ

第4章
知足のすすめ

他人を知ることより
自分を知ることの方がむずかしい
自分を知る者を、真の賢者というのだ
他人に勝つことより
自分に勝つことの方がむずかしい
自分に勝つ者を、真の強者というのだ

☆

第33章
知人者智。自知者明。勝人者有力。自勝者強。知足者富。強行者有志。不失其所者久。死而不亡者寿。

第44章
名与身孰親。身与貨孰多。得与亡孰病。是故甚愛必大費。

では、自分の何を知り何に勝つのか…？
それは欲望さ
物欲から知識欲や名誉欲にいたるまで
欲望に歯止めをかけるのはむずかしい
もし欲望の命じるままに生きたとしたら
身がもたないぞ
いのちがすりきれてしまうぞ
地位といのちとどちらが大切なのか…？
いのちに決まっているさ
地位にこだわれば
いのちはどんどんすりへってゆく
財産といのちとどちらが大切なのか…？
いのちに決まっているさ
財産にこだわれば
いのちはどんどんすりへってゆく

多蔵必厚亡。知足不辱。知止不殆。可以長久。

第46章
天下有道。却走馬以糞。天下無道。戎馬生於郊。禍莫大於不知足。咎莫大於欲得。故知足之足。常足矣。

あげくのはて
泥棒にごっそり持っていかれてしまうぞ
では、どうしたらよいのか…?
「足《た》るを知れば、はずかしめられず
止《とど》まるを知れば、あやうからず」
と言ってね
ほどほどのところで満足しておれば
はずかしめを受けることはないし
スピードはひかえめにして、つねにあわてず
余裕をもって踏み止《とど》まれば
危ない目にあうこともないのだよ

☆

あらゆる欲望の誘惑からぬけ出し
精神の自由を取りもどしなさい

足ることを知りなさい
もっともっとと追いかけるのではなく
ほどほどに満足して生きなさい
ゆったりとおおらかにね
これが〝道（Ｄａｏ）の人〟の
生き方なのだよ

第5章
引退のすすめ

器に水をそそいでゆく
どんどんそそいでゆく
とうとう満杯になる
それでもやめず、なおもそそいでゆく
どうなると思う…？
当然のことながら
水はあふれ出てこぼれ落ちてしまう

第9章
持而盈之。不如其已。揣而鋭之。不可長保。金玉満堂。莫之能守。富貴而驕。自遺其咎。功遂身退。天之道。

☆

出世の階段を登ってゆく
どんどん登ってゆく
とうとう頂上に登りつめる
頂上の景色はすばらしく良いだろうね
景色を眺めているうちに欲が出てくる
いつまでもこの場所にいたい…
そう思うようになる
ところが
いつまでもいられない場所が頂上でね
ぐずぐずしているうちに
ころげ落ちてしまうものなのだ

☆

いいかね
頂上をきわめても
得意になってはいけないよ
思い上がってはいけないよ
そんなことをしたら
部下たちに軽蔑されて
足をすくわれてしまうぞ
競争相手にうらまれて
引きずりおろされてしまうぞ

☆

では、どうしたらよいのか…？
頂上をきわめたら

下山すべき潮時を
すぐに考えなさい
高い地位にいつまでもしがみついて
恋々としてはいけない
やるべき仕事をやりとげたなら
さっさと引退しなさい
それが〝道（Ｄａｏ）の人〟の
生き方なのだよ

高い地位にいつまでもしがみついて
恋々としてはいけない
やるべき仕事をやりとげたなら
さっさと引退しなさい

第6章

引き算のすすめ

世の中の行いには
足し算と
引き算がある
足し算は、たやすいが
引き算は、案外むずかしい
新しいことを一つ始めるよりも
余分なことを一つ減らしなさい
有益なことを一つ始めるよりも

第48章
為学日益。為道日損。損之又損。以至於無為。無為而無不為。取天下。常以無事。及其有事。不足以取天下。

無益なことを一つ減らしなさい
意外に思われるかもしれないが
そうする方が、きっとうまくゆく

☆

学問をおさめると
知識の量は日に日に増えてゆく
しかし、だんだんと
つまらない大量の知識にしばられて
精神の自由はうばわれて
身動きがとれなくなってしまう
ところが
道（Ｄａｏ）に目ざめた人は
日に日に知識の量を減らしてゆく
よけいな知識をどんどん減らしてゆき

さいごには
無為の境地に辿りつく
知識にしばられていた精神は
解放されて自由自在になる
何ものにもこだわらず
あるがまま自然に生きられるようになる
ゆったりとおおらかにね
それが〝道（Ｄａｏ）の人〟の
生き方なのだよ

第7章

和光同塵のすすめ

見るからに美しくまっすぐに伸びた木は
材木としてすぐれているから
発見されたとたん切り倒されてしまう
ところが
曲がった木というものは
たとえ発見されたとしても
切り倒されることはない
だから巨木になるまで成長し

第22章
曲則全。枉則直。窪則盈。敝則新。少則得。多則惑。是以聖人。抱一為天下式。不自見故明。不自是故彰。不自伐故有功。不自矜故長。夫惟不争。故天下莫能与之争。古之所謂曲則全者。豈虚言哉。誠全而帰之。

天寿を全《まっと》うすることができる
いいかね
曲《きょく》なれば全《まった》し
曲がった木は、寿命を全うできるのだよ

☆

何のたとえかといえば
私は才能のことを言おうとしているのだ
もしあなたが
すばらしい才能を持っていたとしても
そのことを決して自慢してはいけないよ
得意になって才能の光をギラギラと輝かせ
見せびらかしてはいけないよ
そんなことをしたら、若いうちに早々と発見
されてしまい、あなたの思わくなどはおかま

第4章
道。冲而用之或不盈。淵兮似万物之宗。挫其鋭。解其紛。和其光。同其塵。湛兮似或存。吾不知誰之子。象帝之先。

第56章
知者不言。言者不知。塞其兌。閉其門。挫其鋭。解其紛。和其光。同其塵。是謂玄同。故不可得而親。不可得而疎。不可得而利。不可得而害。不可得而貴。不可得而賤。故為天下貴。

いなしに使いたいだけ使われて、あげくのは
ては雑巾のように使い捨てられてしまうぞ
もしあなたにすぐれた才能があるならば

和光同塵《わこうどうじん》
才能の光は、やわらげておきなさい
世俗の塵の裏側に、そっと隠しておきなさい
世の中の脚光をあびるような
天才としてではなく
どこにでもいるような
凡人として
ひかえめに生きなさい
〈自分は、まっすぐな木ではなく
曲がった木なのだ…〉
そう自覚して
細く長く生きなさい

天からいただいたいのちに感謝しながら
はたすべき役割をはたしなさい
そうしていつの日か
寿命のつきる時がきたら
いのちはいさぎよく
天にお返ししなさい
無欲にして無心
それが〝道（Ｄａｏ）の人〟の
生き方なのだよ

第8章 無為のすすめ

行動ということについて考えてみよう
世の中には、二種類の行動がある
なすこと
なさぬこと
「なさぬことが、なぜ行動なのですか…?」
あなたは首をかしげて尋ねるかもしれない
おこたえしよう
なすべきか、なさざるべきかを思案して

第63章
為無為。事無事。味無味。大小多少。報怨以徳。図難於其易。為大於其細。天下難事。必作於易。天下大事。必作於細。是以聖人。終不為大。故能成其大。夫軽諾必寡信。多易必多難。是以聖人猶難之。故終無難矣。

なさぬことを選択したのだ
なさぬことを、するのだから
これはまぎれもなく行動だろう…？
なさぬことを、する
これを不作為の為という
略して不作為
あるいは、無為の為という
略して〝無為〟というのだ

☆

為と無為
なすことと、なさぬこと
二種類ある行動のうち
どちらをとるべきか…？
私としてはできるかぎり

無為をすすめたい
とはいえ、文字通り一切のことをするな、と
言おうとしているわけではない。しなくても
よいこと、余計で余分なこと、不自然なこと
はするな、と言おうとしているのだ
あえて事を起こさないから
私の日常生活はきわめて平穏無事である
波風が立つことはまずない
〝無為の人〟である私を指さして
世の中の人々は噂するかもしれない
「面白味のない人物だなあ…」
だが、それでけっこうなのだ
私の日常生活は
無為にして、無味
無欲にして、無心

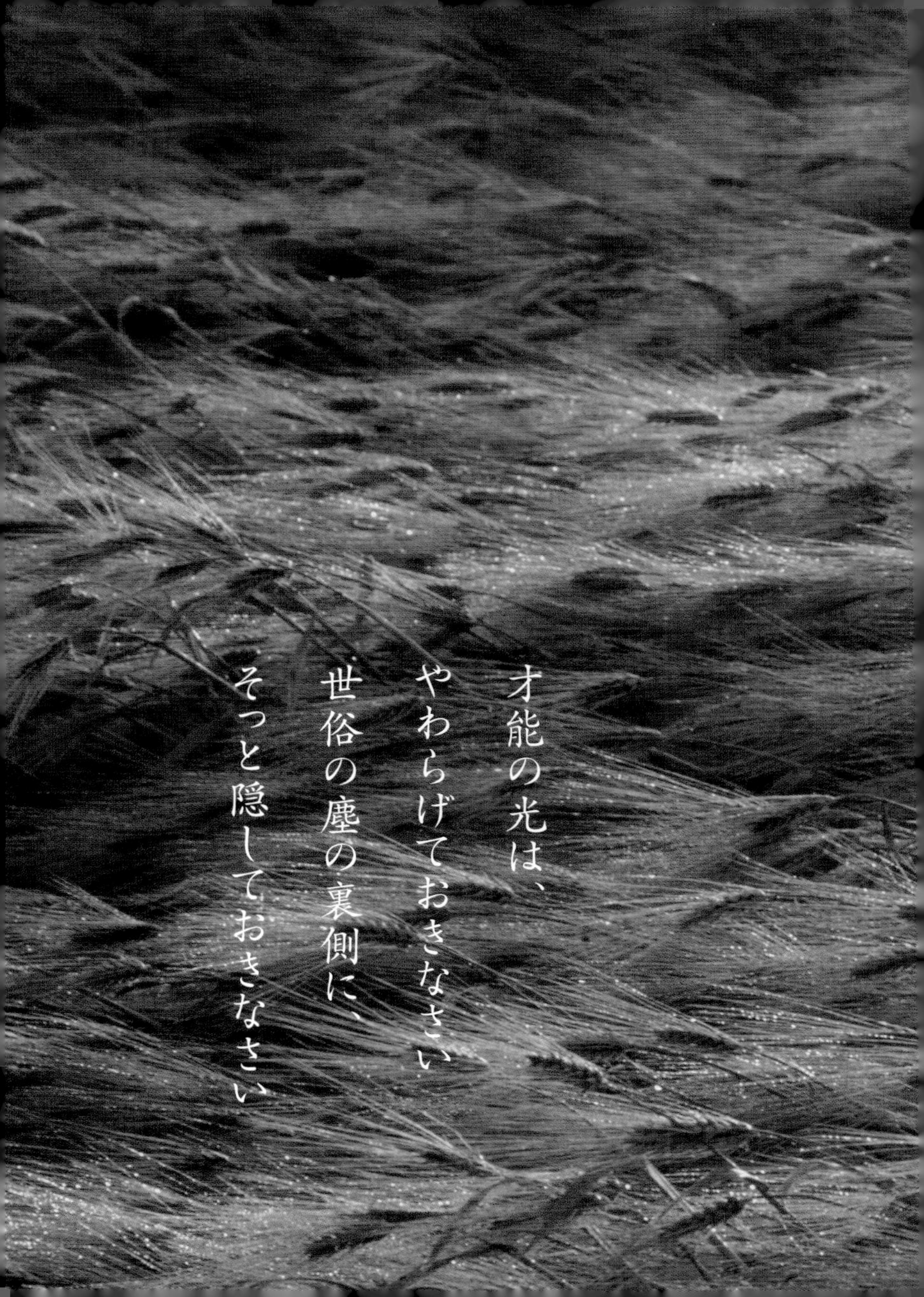

才能の光は、
やわらげておきなさい
世俗の塵の裏側に、
そっと隠しておきなさい

これまでは
水が流れるように
あるがまま自然に生きてきた
だからこれからも
風が大空を吹きわたるように
あるがまま自然に生きてゆくだけさ
ゆったりとおおらかにね
これが道（Ｄａｏ）につながった私の
生き方なのだよ

第9章

成功の条件

道（Ｄａｏ）に目ざめた人は
いきなり大きな仕事をなそう
などとは考えない
自分のなすべき役割とは何か…？
自分が今、なすべきことは何か…？
そういうことを考えて
まず、すぐ眼前にある小さなことから
なしてゆく

第63章
為無為。事無事。味無味。大小多少。報怨以徳。図難於其易。為大於其細。天下難事。必作於易。天下大事。必作於細。是以聖人。終不為大。故能成其大。夫軽諾必寡信。多易必多難。是以聖人猶難之。故終無難矣。

つねにそのようにして、結局
いつのまにか大きな仕事をなしているのだ

☆

合抱《ごうほう》の木は、毫末《ごうまつ》に生じ
九層の台は、累土《るいど》に起こり
千里の行《こう》は、足下《そつか》に始まる

といってね
どんな大木も、はじめは小さな苗木だったし
どんな摩天楼も、はじめは人間の背丈より低い土台だったし
千里の旅も、はじめは足元の一歩だったのだ
だが、そのささやかな一歩の
つみかさねこそが肝心なのだ
絶対成功するぞ！

第64章
其安易持。其未兆易謀。其脆易泮。其微易散。為之於未有。治之於未乱。合抱之木。生於毫末。九層之台。起於累土。千里之行。始於足下。為者敗之。執者失之。是以聖人。無為故無敗。無執故無失。民之従事。常於幾成而敗之。慎終如始。則無敗事。是以聖人。欲不欲。不貴難得之貨。学不学。復衆人之所過。以輔万物之自然。而不敢為。

なんて眉をつり上げて
あせってもだめだよ
あっさり失敗するだけさ
欲しがれば欲しがるほど
遠くへ逃げてゆくものなのだよ
成功というものは

☆

それから注意を一つ
世の中の多くの人々は、よく
ゴール寸前で転んでしまう
成功を目前にしながら
気がゆるんで失敗してしまう
気をつけなさいよ
終わりを慎むこと

始めの如くんば
則ち事《ごと》を敗ることなし
といってね
最後まで慎重に事にあたれば
失敗することはないのだよ

☆

道（Ｄａｏ）に目ざめた人は
無理をせず、欲ばらない
財産や名誉や出世にも執着がない
知識にふりまわされることもない
知識の根本をなす天と地と道（Ｄａｏ）に
つながっているから
過ちを犯すこともない
自分が今なすべきささやかなことを

一つずつ、ただこつこつと
つみかさねてゆくだけ
あとはじたばたせず
ゆったりとおおらかに
天と地と道（Ｄａｏ）に
全てをゆだね
おまかせするだけ
だから成功しないわけがないのだよ

徳

第10章

真の指導者とは

道（Ｄａｏ）に目ざめ
道（Ｄａｏ）につながった人こそ
真の指導者になることができる
その特徴をあげてみようか
まず、慎重である
氷の張った河面を渡る時のようにね
次に、用心深い
四方を敵に囲まれた時のようにね

第15章
古之善為士者。微妙玄通。深不可識。夫唯不可識。故強為之容。予兮若冬渉川。猶兮若畏四隣。儼兮其若客。渙兮若氷之将釈。敦兮其若樸。曠兮其若谷。混兮其若濁。孰能濁以静之徐清。孰能安以動之徐生。保此道者。不欲盈。夫唯不盈。故能敝而新成。

第41章

上士聞道。勤而行之。中士聞道。若存若亡。下士聞道。大笑之。不笑。不足以為道。故建言有之。明道若昧。進道若退。夷道若纇。上徳若谷。太白若辱。広徳若不足。建徳若偸。質真若渝。大方無隅。大器晩成。大音希声。大象無形。道隠無名。夫唯道善貸且成。

つねに端然として乱れることがない
よその家に客として招かれた時のようにね
人柄は純朴で飾り気がなく親しみやすい
山から伐《き》り出されたばかりの原木《げんぼく》のようにね
心は広く、深い
まるで大渓谷のようにね
その水は清く澄みわたり
私利私欲に汚れることがない
それでいながら世俗のにごりに汚されること
をいとわない。やがてにごりは自ら沈殿して
ゆき、水はいつのまにか清く澄んでいる
彼は、何をしたのか…？
何をしたわけではないのだ
世俗のにごりを自ら進んで浄化する人々の力
を信じ、いのちのエネルギーにゆだねたのだ

無為にして、無心
余計なことは一つもせず
ただあるがままを受け入れただけなのだ

☆

忘れがたい特徴をもう一つ
彼は、他人に完全であることを望まない
ほころびや欠陥があっても動じない
その方がかえって自然ではないかと思う
だから自分自身の成長にも
完成ということを考えない
大器《たいき》晩成《ばんせい》
この言葉をどう解釈すべきか…?
「大人物は、才能のあらわれるのは遅いが、
晩年になって完成する」

そのように解釈する人々は多いであろう
しかし、彼はそう解釈しない
そのような解釈は、不遜《ふそん》だと思う
彼は、こう考える
そもそも完成などありえないのだ
完成するような大器は、真の大器ではない
真の大器とは、晩年になっても完成しない
つまり永遠に未完成なのである
そんなことを思いながら
水のように
風のように生きてゆく
ゆったりとおおらかにね
それが道（Ｄａｏ）に目ざめた指導者の
生き方なのだよ

第11章

天と地と大河のように

道（Ｄａｏ）から
天と地、即ち大自然が生まれ
その天と地から、万物が生まれた
天地長久《てんちちょうきゅう》
天と地は、永遠である
なぜ、そんなことが言えるのか…？
それは、天と地が
万物の創造主でありながら

第7章
天長地久。天地所以能長且久者。以其不自生。故能長生。是以聖人。後其身而身先。外其身而身存。非以其無私耶。故能成其私。

第24章
企者不立。跨者不行。自見者

決して自慢したり威張ったりせず
つねに無欲にして無心に
生きているからだ
道（Ｄａｏ）に目ざめた指導者は
天と地をお手本にしている
自分のことはかんじょうに入れず
他人よりあとまわしにして
つねに他人の方を立てる
ところが
結局、他人からおされていつのまにか
人々の先頭に立っている

☆

水滴が集まって、せせらぎとなり
せせらぎが集まって、小川となり

不明。自是者不彰。自伐者無功。自矜者不長。其在道也。曰余食贅行。物或悪之。故有道者不処。

第66章

江海所以能為百谷王者。以其善下之。故能為百谷王。是以欲上民。必以言下之。欲先民。必以身後之。是以聖人。処上而民不重。処前而民不害。是以天下楽推而不厭。以其不争。故天下莫能与之争。

小川が集まって、河となり
河が集まって、大河となり
とうとうと流れて、海に至る
大河は、河川の王である
なぜ、そうなったのか…？
誰よりも低いところにいて
ありとあらゆる河川を差別することなく
あるがまま受け入れたからだ
道（Ｄａｏ）に目ざめた指導者は
大河をお手本にしている
大きなはたらきをなしながら
誰よりもひかえめで、謙虚だ
だから人々は
彼が指導者であることに
重圧を感じることがない

そればかりか大いに歓迎し
喜び楽しむ

☆

天と地と大河をお手本に
無為にして無心に生きる
それが道（Ｄａｏ）に目ざめた指導者の
生き方なのだよ

第12章
無用の用とは

車輪というものがある
あれを眺めていると飽きないね
車輪の車輪たる所以《ゆえん》は、どこにあるのか…？
まん中にある轂《こしき》さ、あの空洞さ
何もない〝無〟の部分があってはじめて
車輪は車輪としてのはたらきをなし
人々の役に立つことができる
茶碗というものがある

第11章
三十輻共一轂。当其無有車之用。埏埴以為器。当其無有器之用。鑿戸牖以為室。当其無有室之用。故有之以為利。無之以為用。

茶碗の内側もうつろになっているね
だからその中に
様々なものを入れることができる
何もない〝無〟の部分があってはじめて
茶碗は茶碗としてのはたらきをなし
人々の役に立つことができる
部屋の構造を考えてごらん
その中にはからっぽの空間が広がっている
だからその中で
人々は住み暮らすことができる
何もない〝無〟の部分があってはじめて
部屋は部屋としてのはたらきをなし
人々の役に立つことができる

大きなはたらきをなしながら
誰よりもひかえめで、謙虚だ

☆

〝無〟のおかげだね
〝無〟のはたらきのおかげだね
これを**無用の用**という
一見すると無用と思われるものが
実は、大きな用をなしているというわけだ
ところで無用の用の〝無〟とは何か…？
〝無〟は、何しろ形がないから
見ることもさわることもできない
しかし、たしかに存在している
しかも、大きなはたらきをなして
人々の役に立っている
それでいながら〝無〟は
決して自慢しないし威張らない

まるで道（Ｄａｏ）のようだね
道（Ｄａｏ）は、天と地と万物を産み
大きなはたらきをなしながら
決して自慢しないし威張らない
つねに謙虚だ
だから道（Ｄａｏ）に目ざめた指導者は
車輪の轂《こしき》をお手本にしている
茶碗のうつろをお手本にしている
部屋の中の空間をお手本にしている
無用の用の〝無〟となって
大きなはたらきをなし
人々の役に立ちながら
決して目立とうとせず
ひっそりとひかえめに生きている

第13章
真の指導者は三宝を持っている

道（Ｄａｏ）に目ざめた指導者は
三つの宝ものを持っている
一つ、慈愛の心
人々をあまねく慈《いつく》しみ愛する心があるからこそ、どんな困難にあっても勇気を出して立ち向かうことができる
慈愛の心をもって戦えば
負けることはない

第67章
天下皆謂。我道大似不肖。夫唯大。故似不肖。若肖。久矣其細矣夫。我有三宝。持而保之。一曰。慈。二曰。倹。三曰。不敢為天下先。慈故能勇。倹故能広。不敢為天下先。故能成器長。今舎慈且勇。舎倹且広。舎後且先。死矣。夫慈。

なぜならば
天がもっと大きな慈愛の心によって
彼を見守り応援してくれるからだ
二つ、謙虚の心
彼は自分のことをかんじょうに入れず
他人よりあとまわしにする
つねに他人を立て
人々の先頭に立とうとしない
だからかえって人々から
指導者になってほしいと
かつぎ出されてしまう
三つ、倹約の心
彼は無駄づかいをしないから
たくわえることができる
だから貧しい人々に

以戦則勝。以守則固。天将救之。以慈衛之。

第77章

天之道。其猶張弓与。高者抑之。下者挙之。有余者損之。不足者補之。天之道。損有余而補不足。人之道。則不然。損不足以奉有余。孰能有余以奉天下。唯有道者。是以聖人。為而不恃。功成而不処。其不欲見賢。

第81章

信言不美。美言不信。善者不弁。弁者不善。知者不博。博者不知。聖人不積。既以為人。

ほどこすことができる

☆

そもそも道（Ｄａｏ）に目ざめた指導者は
自分だけの幸せのために
お金やものをためこまない
お金やものはことごとく
世の中の貧しい人々に与えてしまう
それでいて彼の心は
いよいよ豊かになる
天と地が、万物を産み
万物にたくさんの恵みを与えながら
威張らず無欲であるように
天と地をお手本にしている彼もまた
世の中の貧しい人々に恵みを与えながら

己愈有。既以与人。己愈多。
天之道。利而不害。聖人之道。
為而不争。

決して威張らず無欲で
しかも目立とうとしない

☆

慈愛の心もなしに、勇者になろうとしたり
謙虚の心もなしに、先頭に立とうとしたり
倹約の心もなしに、ほどこそうとしたら
いったいどうなると思う…？
待っているのは
破滅だけさ

第14章

争ってはいけない

道（Ｄａｏ）に目ざめた人は
人あたりがやわらかい
つねに冷静である
腰を低くして上手に人を使う
対決をさけて、争わない
これを**不争の徳**
争わない力という
争って勝ったところで

第68章
善為士者不武。善戦者不怒。善勝敵者不与。善用人者為之下。是謂不争之徳。是謂用人之力。是謂配天。古之極。

第63章
為無為。事無事。味無味。大小多少。報怨以徳。図難於其

ろくなことはないよ
力ずくで争って、相手を打ち負かすのではなく、争うことなく逆に、相手のエネルギーを活かしてあげなさい
これが天のやり方なのだ
道（Ｄａｏ）に目ざめた人のやり方なのだ

☆

だがね、もめごとは
起こる時には起こってしまう
どう考えても先方が悪い
あいつ、こんちくしょう、ひとつ懲《こ》らしめてやりたいと思い始める
そんな時、先方に懲らしめの拳《こぶし》を振り上げた

易。為大於其細。天下難事。必作於易。天下大事。必作於細。是以聖人。終不為大。故能成其大。夫軽諾必寡信。多易必多難。是以聖人猶難之。故終無難矣。

第79章
和大怨。必有余怨。安可以為善。是以聖人。執左契。而不責於人。有徳司契。無徳司徹。天道無親。常与善人。

第74章
民不畏死。奈何以死懼之。若使民常畏死。而為奇者。吾得執而殺之。孰敢。常有司殺者

りしてはいけないよ
無為
あえて事は起こさない
もし怨《うら》みに思うことがあれば
水に流してやりなさい

報怨《おん》以徳

怨みには、徳をもって報《むく》いなさい
憎悪の念は、慈愛の心をもって
許してあげなさい

☆

いいかね、くれぐれも
大きな怨みを買ってはいけないよ
たとえ先方に非があったとしても
深く刻まれた怨みというものは

殺。夫代司殺者殺。是謂代大匠斲。夫代大匠斲者。希有不傷其手矣。

第58章
其政悶悶。其民淳淳。其政察察。其民欠欠。禍兮福之所倚。福兮禍之所伏。孰知其極。其無正。正復為奇。善復為妖。人之迷。其日固久。是以聖人。方而不割。廉而不劌。直而不肆。光而不耀。

第73章
勇於敢則殺。勇於不敢則活。此両者。或利或害。天之所悪。孰知其故。是以聖人猶難之。

天之道。不争而善勝。不言而善応。不召而自来。繟然而善謀。天網恢恢。疎而不失。

和解したあとも
見えないしこりや心の傷となって残り
死ぬまで消えないものなのだ
だからはじめから
怨みなど買わないようにしなさい
憎まれないようにしなさい
道（Ｄａｏ）に目ざめた人は
債務者に対して
厳しく取り立てたりしない
先方の罪を責めて
厳しく罰しようとしたりもしない
では、罪ある人を
いったい誰が断罪するのか…？
それは人ではなく、天なのだよ
もしあなたが

怨《うら》みには、徳をもって報《むく》いなさい
憎悪の念は、慈愛の心をもって
許してあげなさい

天に代わって断罪しようとすれば
きっと大怪我をすることだろう
あなたが直接、手をくだす必要はない
天にまかせておけばよいのだ

☆

天にまかせるとは、どういうことなのか…？
例えば誰かが人知れず悪いことをしたとする。
人や生きもののいのちを傷つけたり奪ったり
…。また他の誰かが人知れず良いことをした
とする。人や生きもののいのちをいやしたり
救ってあげたり…
ひそかに行われた善行と悪行は
誰も知らない
ところがね、どちらの場合も

天だけはお見通しなのだよ
天網恢恢疎《てんもうかいかいそ》にして漏《も》らさず
といってね
ものごとの善悪を判断する天の網は
とてつもなく大きく
世界中に広がっているのだ
その網目はおおざっぱで粗《あら》いのだが
どれほど小さなことがらでも
一つとして目こぼしすることはない
断罪も報奨も
すべては天にまかせておく
それが道（Ｄａｏ）に目ざめた人の
生き方なのだよ

第15章
相対と変化のはたらき

世の中の人々は、美にこだわるが
美なんてものはね
醜があるからこそ、美もあるのさ
世の中の人々は、幸福にこだわるが
幸福なんてものはね
不幸があるからこそ、幸福もあるのさ
同様に
善と悪、大と小、有と無、東と西

第58章
其政悶悶。其民淳淳。其政察察。其民欠欠。禍兮福之所倚。福兮禍之所伏。孰知其極。其無正。正復為奇。善復為妖。人之迷。其日固久。是以聖人。方而不割。廉而不劌。直而不肆。光而不耀。

長と短、高と低、太いと細い、陰と陽
強と弱、難と易、前と後、静と騒、初と終
もうきりがない
いいかね
絶対の美なんてものは存在しないし
絶対の醜なんてものも存在しないのだよ
絶対の幸福なんてものは存在しないし
絶対の不幸なんてものも存在しないのだよ
ものごとのあり方とは全て
絶対ではなく、相対の関係でね
どちらが欠けても具合がわるい
お互いに不可欠の関係なのだよ
さらに、ものごとというものは
刻々と変化する
美は変化してたちまち醜となり

第2章
天下皆知美之為美。斯悪已。
皆知善之為善。斯不善已。故
有無相生。難易相成。長短相
較（形）。高下相傾。音声相
和。前後相随。是以聖人。処
無為之事。行不言之教。万物
作焉而不辞。生而不有。為而
不恃。功成而不居。夫唯不居。
是以不去。

醜は変化して再び美となる
幸福は変化してたちまち不幸となり
不幸は変化して再び幸福となる
万物は一つの例外もなく
時の流れと共に変化する
変化した末に亡び
さらに変化した末に再生する
いいかね
これが万物を産んだ
天と地のはたらきなのだ
したがって万物とは一つ残らず
存在即ちものに於ても
現象即ちことに於ても
相対と変化の力にさらされることになる
世の中の人々が、この天と地の大きなはたら

きのことを忘れ去って久しいが
〝道（Ｄａｏ）の人〟だけは
決して忘れない
無為にして無心
あるがままを受け入れて
何ものにも動じることなく
あるがまま自然に生きてゆく
ゆったりとおおらかにね

第16章

最高の政治家とは

理想の国家とは
小国寡民《しょうこくかみん》
小さな国土に、少ない人口
山間《やまあい》にひそむ村落《そんらく》のようなものさ
様々な文明の利器があるが
そんなものはいらない
使わなくても十分に幸福だからね
他国に移動する気もおこらないから

第80章

小国寡民。使有什伯之器而不用。使民重死而不遠徙。雖有舟輿。無所乗之。雖有甲兵。無所陣之。使人復結縄而用之。甘其食。美其服。安其居。楽其俗。隣国相望。鶏犬之声相聞。民至老死。不相往来。

車や船や、そんな交通手段も無用
他国と争わないから、武器も軍隊も無用
衣食住は全て自給自足でね
自分たちが作った食べものをおいしくいただき、自分たちが編んだ衣服を美しく着こなし
自分たちが建てた家で気持良く住み暮らす
先祖伝来の習慣やおまつりを楽しみながら
静かにゆっくりと
年老いてゆく
どうかね、これがユートピアさ
桃源郷というやつさ
こんな所で暮らしたいと思わないかい…？

☆

国を治めるにはどうしたらよいのか…？

第60章
治大国。若烹小鮮。以道蒞天下。其鬼不神。非其鬼不神。其神不傷人。非其神不傷人。聖人亦不傷人。夫両不相傷。故徳交帰焉。

第57章
以正治国。以奇用兵。以無事取天下。吾何以知其然哉。以此。天下多忌諱。而民弥貧。民多利器。国家滋昏。人多伎巧。奇物滋起。法令滋彰。盗賊多有。故聖人云。我無為而民自化。我好静而民自正。我無事而民自富。我無欲而民自樸。

道（Ｄａｏ）に目ざめた政治家は
決してあせらないし、あわてない
小魚を煮るようにして治める
むやみにつっつついてかき回したり
ひっくり返したりしたらどうなると思う？
小魚の形はくずれるし、味も落ちる
ゆっくり、そうっと
余計なことはせずに
煮るのがコッさ
国の政治も同様でね
国民に対して、ああでもないこうでもない
あれをするなこれもするなと
こまかくうるさく干渉すれば
国民が持っている自由な活力を奪った上に
国民の反発を買ってしまう

第17章
大上下知有之。其次親而誉之。
其次畏之。其次侮之。信不足
焉。有不信焉。悠兮其貴言。
功成事遂。百姓皆謂我自然。

そういう国は
早晩、亡んでしまうだろう
道（Ｄａｏ）に目ざめた政治家は
無為にして無心
余計な政策は展開しないし
干渉もしない
小魚を煮るように
あせらないし、あわてない
国民の活力を
あるがままに受け入れる

☆

政治家にもいろいろあるが
最高の政治家とは何か…？
それは国民から、その存在を意識されない政

絶対の幸福なんてものは
存在しないし
絶対の不幸なんてものも
存在しないのだよ

治家である
「いることはもちろん知っているのだが、つい忘れてしまうのだなあ…」
さて
二番目にすぐれた政治家とは何か…？
それは国民から愛され尊敬されている政治家である
「あの方ほどすばらしい人物はいらっしゃいませんよ…」
さて
三番目の政治家とは
国民から恐怖されている政治家である
「あの人ににらまれたら、もう生きてゆけませんので…」
さて

最低最悪の政治家とは
国民に軽蔑されている政治家である
「要するにあの人は、馬鹿なんですよ…」

☆

自分の指導力のなさや
人望のうすさを補うために
法律や罰則をやたらに量産し連発する
そんな政治家は情けないね
自分の功績を自慢したり
国民に無理やり自分をたたえさせたり
そんな政治家も失格だね
すぐれた政治家は
成功しても威張らず
失敗しても言いわけしない

できない約束はしないし
かわした約束は必ず実行する
なすべきことをなしたそのあとは
無為にして無心
余計な口出しも手出しもせず
国民の自発的な活力を信じてゆだね
静かに見守っている

☆

やがて豊かさと平安の時がくる
幸福な国家の誕生だ
偉大な事業の達成だ
すると国民は錯覚する
偉大な事業をなしとげたのは
自分たちなのだと

政治家の存在など
けろっと忘れてしまう
だが、それで良いのだ
国民から、その存在を意識されない
そのような政治家こそ
最高の政治家と言えるのだ

第17章

トラブルを解決するには

世の中の様々なことは
どのように変化してゆくのか…？
教えてあげよう
天下の大事は、必ず細《さい》よりおこる
といってね
つねに小さなものから始まって
しだいに大きなものへと
変化してゆくのだよ

第63章

為無為。事無事。味無味。大小多少。報怨以徳。図難於其易。為大於其細。天下難事。必作於易。天下大事。必作於細。是以聖人。終不為大。故能成其大。夫軽諾必寡信。多易必多難。是以聖人猶難之。故終無難矣。

あるいは、こうも言える
天下の難事は、必ず易《い》よりおこる
つまり、つねに単純なものから始まって
しだいに複雑なものへと
変化してゆくのだよ
だから大きなトラブルは
小さなうちに
むずかしいトラブルは
やさしいうちに
片付けておかなければならない
表面にあらわれてしまってからでは
遅すぎるのだ
動き出してしまってからでは
遅すぎるのだ
街角のトラブルから

国同士のトラブルまで
病気の早期発見といっしょでね
だから道（Ｄａｏ）に目ざめた政治家は
小さなぼやが大きな火災に変化する前に
手を打っておくのだ

第18章

反・戦争論

道（Ｄａｏ）に目ざめた政治家は
軍事力の大なることをもって
国の強大さを誇ったりしない
武器なんてものは不吉なもので
何しろ人のいのちを奪うための道具なのだ
武器を持っていたとしても
それを使おうとは思わない
だが時には

第30章

以道佐人主者。不以兵強天下。其事好還。師之所処。荊棘生焉。大軍之後。必有凶年。善者果而已。不敢以取強。果而勿矜。果而勿伐。果而勿驕。果而不得已。果而勿強。物壮則老。是謂不道。不道早已。

やむをえず使わざるをえない場合も
あるかもしれない
そういう時は仕方がない
国民のいのちを守るため
つまり自衛のため
武器を取ることもあるだろう
さて、戦争が始まり
戦争に勝ったとしよう
道（Ｄａｏ）に目ざめた政治家は
勝ったことを喜んだりしない
そんなことをしたら
人殺しを喜ぶことになる
人殺しを喜ぶようなやからは
人間として失格だ
もちろん政治家としても失格だ

第31章
夫佳兵者。不祥之器。物或悪之。故有道者不処。君子居則貴左。用兵則貴右。兵者。不祥之器。非君子之器。不得已而用之。恬淡為上。勝而不美。而美之者。是楽殺人。夫楽殺人者。則不可以得志於天下矣。吉事尚左。凶事尚右。偏将軍居左。上将軍居右。言以喪礼処之。殺人之衆。以哀悲泣之。戦勝以喪礼処之。

第69章
用兵有言。吾不敢為主而為客。不敢進寸而退尺。是謂行無行。攘無臂。執無兵。扔無敵。禍

そんな政治家が
やがて国を亡ぼすのだ

☆

戦争は、しない方が良い
いや、決してしてはいけないよ
戦争は、たくさんのいのちを奪う
しかし、やむをえず
どうしてもせざるをえない時は
悲しみの気持をもって戦場にのぞみ
たとえ勝ったとしても
誇ったりしない
むしろ葬式の作法によって
両国の戦死者をとむらう
道（Ｄａｏ）に目ざめた政治家は

莫大於軽敵。軽敵幾喪吾宝。
故抗兵相加。哀者勝矣。

第73章
勇於敢則殺。勇於不敢則活。
此両者。或利或害。天之所悪。
孰知其故。是以聖人猶難之。
天之道。不争而善勝。不言而
善応。不召而自来。繟然而善
謀。天網恢恢。疎而不失。

第76章
人之生也柔弱。其死也堅強。
万物草木之生也柔脆。其死也
枯槁。故堅強者死之徒。柔弱
者生之徒。是以兵強則不勝。
木強則共。強大処下。柔弱処

戦争は、しない方が良い
いや、決してしてはいけないよ

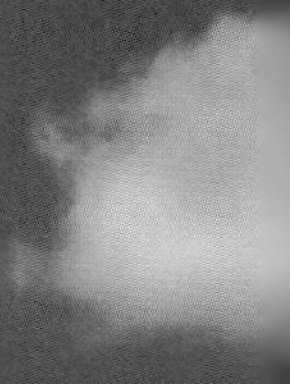

力ずくの外交はしない
果実がじっくり熟すのを
あわてずあせらず余計なことはせず
無為にして無心
静かに見守るようにして待つ
ゆったりとおおらかにね

上。

寝たきり少年が見た夢は、空飛ぶ仙人

「あとがき」に代える八つの断章

1

今から二千数百年前、中国は東周・戦国時代の頃である。場所は複数説あってさだかではないが、今日のところはとりあえず、河南省洛陽の近くにあった交通の要地、函谷関《かんこくかん》ということにしておこう。

関所の長官、尹喜《いんき》はその日の朝、胸さわぎがして目ざめた。そして直感したのだった。

〈何かとてつもなく偉大な存在が、こちらの方に近づいてくる。それは東の方からやってきて、この関所を通過し、西の方へ向かおうとしている……〉

尹喜は不安な表情で関所の東門に立ち、ふと東の空を見上げた。瞬間、全身にふるえが走った。東の空にたれこめた雲が一面、紫色に染まり不気味に輝いているではないか。そんな風景はこれまで、ただの一度も見たことがなかった。

やがて紫色の雲の向こう側から、のっそりと一匹の青牛が姿をあらわした。その背中には一人の老人がまたがっている。

〈どこの、どなたであろう…〉

目をこらしてよく見れば、なんとなんと偉大なる哲学者、老子様ではないか。その名は天下にとどろき、知らぬ者とていない。そうだ。このまますんなり通過させてはもったいない。今が千載一遇のチャンスだ。とにかく引きとめて、直接、教えを乞うことにしよう…。尹喜は地面にひれふすと、通り過ぎようとしていた老子に向かって叫んだ。

「先生、一生のお願いがあります！」

「何だね…」と老子。

「先生の智恵あるお言葉はあまりに有名ですが、まだ書物になっておりません。そこでお願いです。愚かで道を失ったこの私のため、いや、世の中の全ての迷える人々のために、どうか書物をあらわしていただきたいのです。ご旅行は、それからになさってはいかがでしょうか…」

当時の老子は、傾きかけた東周の役人をしていた。守蔵室で公文書の保管をしながら、哲学し思想を深めていたのだが、腐敗して乱れきった政治家や役人たちの世界に愛想が尽きて、引退することにした。そうして気ままな一人旅に出たのである。

〈言われてみれば、なるほど…〉

何かまとまったものを書きのこしておくのも、悪くないかもしれない。関所の長官がそこまで熱心に言うならば、ひとつ誘いに乗ってみるか。どうせ、急ぐ旅でもないし…。老子は頷くと、青牛の背中から地面におりた。それから、案内されて関所に隣接する長官の客室に向かったのだった。

十日ほどが過ぎた。

老子は、筆を置いた。机上には、上下篇五千余文字の書きおろし原稿がのせられていた。題名もなければ著者名もない、不思議な原稿だった。いよいよ旅立ちの時である。再び青牛の背中にまたがった老子に向かって、尹喜は深々と頭を下げた。

「ありがとうございます。このご恩は生涯忘れません。ところで先生、これから一体どちらの方へ…？」

尹喜の問いに、老子はあはは…と笑いながら、

「実は、わしにもわからんのじゃよ。わしの行き先はな、この牛に聞いてくれ。あるいは空を吹きわたる、あの風に尋ねてくれ。牛まかせ、風まかせさ。では、さらばじゃ！」

老子をのせた青牛は、のそりと動き出した。西に向かってゆっくり遠ざかり、小さくなり、やがて地平線の彼方に消えた。

〈先生、どうかお達者で…〉

尹喜が老子の姿を見たのは、それが最後であった。老子は、どこへ行ったのか。その後の消息を知る者は一人もいない。だがしばらくすると、あちらこちらでこんな噂がまことしやかにささやかれるようになった。

「西に向かった老子様はなあ、あれからインド国に渡り、ブッダという聖人におなりになった

んだそうだ…」

尹喜は、西方の空を見るたびに、地平線の彼方に消えた青牛と老子の後ろ姿を、懐かしく思いうかべたものである。そしてきまって想像したのは、こういうことであった。

〈紫色の雲は、やはりインド国の空にも立ち昇ったのだろうか…〉

2

以上の話は、全て伝説である。この伝説は『史記』の中に登場する。今から二千百年ほど昔、司馬遷が歴史書『史記』を書いた時、老子は既に堂々たる伝説上の人物であったらしい。その老子伝のくだりを、私流に脚色して書き写してみたのだ。

さて、『史記』の老子伝には、老子の候補者として三人の人物が紹介されている。その中で最有力といわれているのは、老聃《ろうたん》である。〝聃〟とは、耳が長いという意味だから、実際、耳の長い人物であったのかもしれない。楚《そ》の苦県《こけん》に生まれた老聃の姓は李《り》、名は耳《じ》、字《あざな》は伯陽《はくよう》、または聃。この人物が後に老子と呼ばれるようになったというのだが、確証は全くない。

そもそも〝老子〟という名前からして、かなり奇妙ではある。老子の〝老〟とは、とてもすぐれているという意味の尊称だし、〝子〟もまた男性に贈られる尊称である。つまり老子とは、〝とてもすぐれた先生〟〝大先生〟といったところで、固有名詞とは言いがたい。

老子とは、誰なのか？　どんな人物であったのか？　それは昔も今も、大きな謎なのである。しかし、そのような人物がいたことだけは事実なのだ。なぜならば五千余文字の書物があらわされ、現在に伝えられているからだ。とはいえ、題名がないと何かと不便である。大先生が書きのこしたその書物のことを、後世の人々は便宜的に「大先生」即ち『老子』と呼ぶようになり、いつしかその呼び方が定着したのだった。

3

思想哲学書としての『老子』が、いつ頃成立したのか？　これもさだかではないが、二千三百年ほど昔ではないかと言われている。

『老子』は、文字数で五千数百字、最古の注釈書によれば五千二百七十九文字だという。上篇は三十七章、下篇は四十四章。合計すると八十一章で構成されている。

『老子』の上篇第一章は「道の道にすべきは常の道に非《あら》ず」という文章で始まり、下篇の最初に登場する第三十八章は「上徳は徳とせず」という文章で始まる。上篇と下篇、それぞれ最初のテーマとなる文字をとって、上篇を「道経」、下篇を「徳経」と呼ぶようになった。即ち『老子道徳経』である。

4

中国における思想哲学の二大潮流といえば、孔子と老子であろう。孔子の言行録、弟子たちとの問答録である『論語』には、日常生活に即した実践的な倫理や理想的な道徳である〝仁〟（礼にもとづく自己抑制と他人への思いやり）の意義が詳しくしるされている。

孔子は説く。人と人との間には、秩序がなければならない。君と臣、上役と下役、先輩と後輩、夫と妻、父と子…。組織内の上下や家庭内における長幼の秩序を大切にする気持から、人として歩むべき道もさだまる、というのだ。

私は学生時代から孔子と老子を愛読し、社会人になってからも交互に読みつづけてきた。ところが歳をとるにつれてなぜか、孔子よりも老子を読む回数が増えた。孔子も老子も、どちらも素晴しいのだが、より良く生きるためのヒントとして読もうとすると、両者が得意とする守備範囲はかなり異なるようである。

例えばサラリーマン時代、朝九時から夕方五時までの勤務時間中に役立ったのは、孔子であった。しかし、アフター・ファイブには老子の方がよく似合った。さらに言わせてもらうと、人生設計において六〇歳までは孔子原理でもかまわないが、定年退職後は老子原理で生きるべきではないか。いや、いっそもっと若いうちから先取りして老子的な生き方を選択する方が、真の幸福に近づけるのではなかろうか…、と最近の私は考えている。

なぜか…？

老子が、あらゆる思想哲学の根幹をなす最重要課題〝いのち〟について、最も深く考察した〝いのちの哲学〟であるからなのだ。

5

『老子』に頻出する〝道（Ｄａｏ）〟について。

第一章、第十四章、第二十一章、第二十五章、第三十四章、第三十五章などで、老子は何度も何度もくり返しくり返し、道（Ｄａｏ）のことを説いている。

ところが、これがよくわからないのだ。説明されればされるほど、道（Ｄａｏ）の輪郭は曖昧《あい》模糊《まいもこ》として、混沌《こんとん》のうちに遠ざかってゆく。大抵の読者はこの段階で挫折して、難解だなあと思いながら書物を放り出してしまう。

〈道（Ｄａｏ）とは、何なのか…？〉

私は十年間ほどぼんやりと考えた末に、次のように自由訳することにした。自由訳するにあたって、私が自分自身に課した条件は二つある。

一、原作者のコンセプトの絶対厳守

二、できる限りわかりやすい日本語に置きかえること

結果、私はこんなふうに自由訳した。

「この宇宙を、とうとうとくまなく流れつづけている、いのちの巨大な運動体、宇宙大河。それが道（Ｄａｏ）の実相さ」

どうかイメージしていただきたい。私たちが住み暮らすこの地球とは、いや、この宇宙とは、実は無数のいのちの一滴が寄り集まって成り立っているのだ。その中のわずか一滴が欠けたとしても、この宇宙は成り立たない。

では道（Ｄａｏ）とつながって生きるとは、どういうことなのか？　それは、いのちの摂理にしたがって生きること。理にかなった、もっとも自然な生き方をすることである。私は前作の『自由訳　般若心経』（朝日新聞社）でも、いのちの宇宙大河について言及しているので、興味のある読者はご一読いただきたいと思う。

さて、これまで謎に包まれていた道（Ｄａｏ）の実相は、次の自由訳によって明らかになったかと思われる。

「いのちの宇宙大河である道（Ｄａｏ）は、天と地（つまり大自然）をつくり、天と地は万物をつくった。道（Ｄａｏ）は天と地と万物の生と死と再生をつかさどり、あまねく変化させながら、宇宙の果てまで行っては、また流れもどってくる」

このことをブッダは〝空《くう》〟と言っている。

空《くう》とは何か？　万物は変化するということである。変化にも二種類あって、まず〃色即是空〃とは、万物は変化した末に亡ぶ、ということ。次に〃空即是色〃とは、万物は変化した末に再生する、ということである。

老子が説く道（Ｄａｏ）の偉大なるはたらきを、変化、あるいは時間の観点から考察すると、ブッダが説く空《くう》になるわけだ。

道（Ｄａｏ）＝空《くう》

老子とブッダは別人ではあるけれど、二人の思想哲学には共通するものが驚くほど多い。それを考えると、青牛にのった老子がインド国に渡り、やがてブッダになったという、あのとんでもない法螺吹き伝説が、妙に真実味を帯びてくるではないか。

6

道（Ｄａｏ）の人の生き方について、老子は大別すると四つの生き方をすすめている。

①　無欲に生きなさい
②　謙虚に生きなさい
③　不争の徳をもって生きなさい
④　貢献の徳をもって生きなさい

私が自由訳した全一八章は、上記四つのいずれかにあてはまるはずである。あえて分類すると、①と②は一個人の生き方、③と④は他者との関係性の中での生き方をすすめていると思われる。ちなみに道（Ｄａｏ）と徳を、もっと短かくわかりやすく言うならば、

道（Ｄａｏ）とは――いのちのこと

徳とは――愛すること

そのように表現してもかまわないと思う。老子がすすめる以上四つの生き方を実践した結果、私たちはついに、

無為の境地

即ち、水が流れるような、風が大空を吹きわたるような自由自在の境地に到達し、ゆったりとおおらかに生きることができる、というわけである。

7

前述した四つの生き方の中で注目すべきは、第四番目ではなかろうか。早い話が、社会貢献のすすめである。参考までに昔、母からおそわった〝人生三期説〟を次に紹介したいと思う。

第Ⅰ期　最初の三十年間は、〝自分捜し〟の時代

第Ⅱ期　次の三十年間は、〝自己実現〟の時代

第Ⅲ期　晩年の三十年間は、〝社会貢献〟の時代

如何であろうか。

自分捜しも自己実現も、主として自分と家族の幸福のために行われる。しかし六〇歳になったなら、自分と家族以外の人々や、人間以外の他のいのちに目を向けて、彼らをいかにして幸せにできるか、そのため自分に何ができるのかを考えて、実践しようという提案である。たしかに自分たちだけの利益や幸福のみを追求して、社会貢献活動を実践せず、ゆったりとおおらかな生き方を目ざしたとしても、失笑されるだけかもしれない。

私の母は九十一歳で死ぬその日の朝まで、現役の助産婦であった。彼女はよく口癖のように言ったものである。

「天に、徳を積みなさい」

「あの世に持っていける宝物はね、生前、人に与えたものだけだよ…」

8

少年時代の私は、ひどく病弱であった。とりわけ小学校二年生の時は原因不明の病気にかかり、医師から絶対安静を言いわたされて、数カ月間病床で寝て暮らした記憶がある。

私に許された唯一の楽しみは、漫画本を開くことであった。漫画本に疲れると、天井の木目

模様を眺めて時間をつぶした。寝たきり少年であった私の夢は、一刻も早く歳をとり、百歳の老人になることだった。

ふつうの老人ではない。中国の仙人である。そんな手塚治虫の漫画があったのだ。禿頭で山羊ひげをたらした仙人は、白衣をまとい長い杖をついていた。白雲に乗り、千里の道も一瞬に移動してしまう。天井の木目模様は、いつしか白雲に変わった。イマジネーションの白雲に乗った私は、世界中を飛び回ったものである。そして天井に向かって祈った。

〈いつの日か、きっと仙人のふるさと、中国に行けますように…〉

病弱な少年の夢は、二十年後に実現した。中国に行って驚いた。少年時代の私が憧れていた仙人とは、なんと老子のことだったのだ。老荘思想に陰陽五行説や神仙思想を加えて成立したのが、中国漢民族の伝統宗教、道教である。道教は、老子を教祖に仰いでいる。

二千数百年前、老子も往来したであろう洛陽の城門に立った時、私は再び天に祈った。

〈いつの日か、きっと『老子』を翻訳してみたいのですが…〉

病弱な青年の夢は、あれから三十年後の今日、ようやく実現できたわけである。

二〇〇七年二月

新井　満

p.18-19 © TOMONARI TSUJI/SEBUN PHOTO/amanaimages
p.30-31 © MASAAKI TANAKA/A.collection/amanaimages
p.42-43 © YUJIRO MATSUO/A.collection/amanaimages
p.54-55 © Matt Brown/CORBIS
p.74-75 © KAZUO OGAWA/A.collection/amanaimages
p.86-87 © SHINICHI ICHIKAWA/A.collection/amanaimages
p.98-99 © George D.Lepp/CORBIS/amanaimages
p.110-111 © YOSHIKAZU FUJII/SEBUN PHOTO/amanaimages

自由訳《じゆうやく》 老子《ろうし》

2007年3月30日　第1刷発行

著者
新井 満

装幀
坂川栄治＋田中久子
（坂川事務所）

発行者
花井正和

発行所
朝日新聞社
編集・書籍編集部
販売・出版販売部
〒104-8011　東京都中央区築地5-3-2
電話　03-3545-0131（代表）
振替　00190-0-155414

印刷所
大日本印刷株式会社

ISBN978-4-02-250269-8
定価はカバーに表示してあります